몸에 묻어나는 향기

류동열 제3시집

시인의 말

나는 이렇게 저렇게 주위에 어울리다 보니
적지 않은 奉仕(봉사)를 하게 되었다.
일상에서 틈을 내어 하는 나눔,
많은 사람들이 하고들 계시지만 如干(여간)해서는
나설 수가 없는 어렵고 힘에 벅찬 삶이다.

자진해서 내놓은 봉사자의 나눔은
나의 소중한 시간을 주위, 이웃에 드리는
조그마한 선물이랄까.
아님 나를 위한 德(덕)이라고 할까.

칭찬도 많이 받고, 사랑도 많이 받음에,
奉仕를 했던 것은 결코 아님을 말씀 드리고 싶다.

봉사를 함에 있어
시간 틈틈히 엮어낸 울타리 안의 벗
그저 재미로 이웃과 어울리며
시작한 것이 이제는 *好兄好弟*(호형호제)의
상자 속에 지극히 행복한 삶의 부분이 되었다.

시인 류동열

- 목차

땀의 무게	8
까치 보초	9
축복의 시작	10
가을 그림자	11
꽃가마	12
아침 인사	13
사람이 사람을	14
행복하다면	15
日常 속에서	16
떡국	17
아침 인사	18
그의 자녀	19
성탄	20
내 나이는 몇 살	21
희망이 우리를	22
해 오름	23
하느님의 집	24
오늘은 내 생일	25
행복하다는 것	26
하느님의 자녀	27
이 가을에	28
나무의 삶	29
단풍이 된 임	30
봄비	31
세상아 마음아	32
봄날	33
우리 가족 매실나무	34
음식물 찌꺼기	36
봄날에	37

기다림	38
찌그러진 오늘	39
獨道	40
임에게로	41
희망의 나래	42
슬퍼하지 마오	43
歡喜	44
행복	45
난 희망이 있어	46
그림자	47
너는 혼자가 아니다	48
秋夕	49
시작과 공간	50
아직도 너는	51
허수아비의 삶	52
삶 속에	53
한 울타리	54
샘물	56
오늘이 있어 감사하며	57
시간의 포로	58
틈새	59
고무장갑	60
가을 아침에	61
정류장	62
너 나 그리고 우리	63
손	64
사랑의 진실	65
30%	66
작은 행복	67

- 목차

己亥의 눈물 ··············· 68
청포도 ······················· 69
너는 어느 쪽 ············· 70
가슴으로 글을 쓴다 ··· 71
너를 떠나며 ··············· 72
오래오래 살기 ··········· 73
가을의 들 ··················· 74
임이여 ······················· 75
그림을 그리다 ··········· 76
단풍잎 사랑 ··············· 77
흙 ······························· 78
김장 ··························· 79
기쁜 날이다 ··············· 80
아들의 군 생활 ········· 81
시작이 좋아 ··············· 82
길 ······························· 83
여기 있음을 ··············· 84
너 ······························· 85
임을 보내며 ··············· 86
새날에는 ··················· 87
그렇지 그렇고 말고 ··· 88
梅花 ··························· 89
꽃 피는 봄 ················· 90
꽃봉오리 ··················· 91
빛이 되어라 ··············· 92
아, 엄마 ····················· 93
끝자락에서 ················ 94
내일은 오늘에게 속삭입니다 ··· 95
사랑하는 당신 ··········· 96

사노라면 ·················· 98
여보 시어들 ··············· 99
인생 그림 ················· 100
멋진 만남 ················· 101
나는 보름달 ··············· 102
꽃잎이 되어 ··············· 103
뒤돌아보는 삶 ············· 104
사랑으로 사랑하기 ········· 105
한 해를 보내며 ············ 106
1 +1=1 ··················· 107
꽃 불 ···················· 108
촛불이 왜 ················· 109
무지개 꽃 ················· 110
山谷 風景(산속 풍경) ······ 111
꿈을 꾸자 ················· 112
한판 ······················ 113
비우며 살아가기 ··········· 114
금, 은, 동 그리고 흙수저 ··· 115
공원의 새벽 ··············· 116
짝꿍 ······················ 117
소녀 像 ··················· 118
그림을 그립니다 ··········· 119
새색시 ···················· 120
힘 ························ 121
기도하는 ·················· 122
벌거 벗은 新婦 ············ 124
감 하나 ··················· 125
한 말씀 ··················· 126

땀의 무게

한 번
두 번
세 번 들어도
언제든 기분이 좋다

날 필요로 하는 곳
어디에든 달려가는 준비된 마음
예, 여기 있습니다

긴 시간
몸에 묻어나는 향기
땀 냄새

이웃사랑에는
우선이 없는 발걸음

오늘도
날 부르는 사람이 없을까
가슴이 뛴다.

까치 보초

끝이 없는 높은 하늘
세상에서 가장 넓은 운동장입니다

구름은, 운동선수는 어디에 갔는지
하늘의 주인 해님만 홀로 외로이

자로 잴 수도 없는
끝없이 펼쳐지는 파란 운동장

따갑게 내리는 흠 없는 사랑
만물이 고갤 숙여 고마워합니다

남겨줄 사랑
곱게 익은 감나무네 까치 보초
홍시 하나

언제나 올까
내 님은

가을이 통통 통 익어 갑니다.

축복의 시작

기쁨이 온 누리에
사랑이 가득히
새 가정에 행복이

너 나 모두 마음 하나로
두 손을 모읍니다

새로운 출발
험한들 피하랴
힘이든들 두려워하랴

두 손 모으면 힘이 되고
한 마음 이루면 행복이 오는

사랑의 여정 출발하는 오늘
축복의 꽃길 열어봅니다.

가을 그림자

수북이 쌓인 가을 단풍
힘없이 뒹굴뒹굴 거린다

한때는 팔랑팔랑
빛을 발하는 청춘

한순간의 꿈이
계절의 힘에 묵묵히
오늘을 받아들인다

저항 없이 바람 따라
왔던 곳으로 되돌아가는 중

촘촘히 쌓인 아쉬움
고운 옷 흙이 되도록
버리고 또 버린다.

꽃가마

쉼 없이 타들어 가는 향
재를 남기고 사라져 가며
왔던 곳으로 되돌아가고 있음을
표징으로 남기고 있는 여기는

누구나 꼭 가야 하는 길목에
어제의 생을 뒤돌아보는
침묵의 자리입니다

언젠가는 모든 사물이
왔던 그곳으로 가야 하는 이별은
참으로 슬프고 가슴 아프지만

아무도 대신할 수 없는 가족의 슬픔
끊임없이 오르는 향 연기 동무 삼아
멀리멀리 내가 왔던 곳으로.....

사랑하는 가족을 뒤로한 임께서는
꽃 가마에 초연히 영혼을 드려
먼 길을 훨훨 날아갑니다.

아침 인사

해님이
창문 밖에서 인사를 합니다

따뜻한
선물도 주었습니다

마음도 따뜻합니다
생각도 따뜻합니다
따뜻한 시작입니다

인사도 따뜻하게
만남도 따뜻하게
모두가 따뜻하게

오늘도
따뜻한 하루입니다.

사람이 사람을

희망의 나래를 펴고
가슴에 한 꿈 간직하며
쉼 없는 나 홀로 길을

그립고 보고 싶어도
한 번 다가설 수 없음은
두려움이 있기에 그렇습니다

빛을 주는 사람
그림자가 되는 사람
그 누구도 부정이 아닌

의미 없는 여기에 사람
비켜서 있는 저기에 사람
모두가 이웃입니다

길 가는 사람은 동행이
빛을 내는 사람은 그림자가
모두가 소중한 내 동무입니다.

행복하다면

행복하다고 소리를 질러볼까
누가 들을 수가 있을 런지

산꼭대기에 올라 환호를
바람 타고 세상 모든 곳에
맘껏 말하고 싶다

매일은 아니어도
오늘의 기쁨 그리고 감사
오늘만 아니었으면 한다

내일도
모레도 오래도록 계속
사다리가 되어 하늘까지 오르게.

日常 속에서

하루의 날이 시작되고 출발하며
우리를 세상에 내놓았습니다

매사가 마음가짐에 있고
생각과 행실이 한 몸 하나이니
기쁨과 슬픔이 다를 수 있겠는가
함께 같은 공기를 마시고 있으며
거친 손 꼭 잡고 넓은 세상을 갈 수 있으니
우리의 벗이요 동지라 함이 옳은 듯합니다

우리의 시작은 같을 수도 있겠지만
끝맺음은 모두가 다르다는 진리를
알 듯하면서도 알 수 없는 오묘한 삶
빛이 있으니 그림자가 옆에 있다는 진실
남자와 여자가 세상을 내놓는 아름다움
우리의 생이 길고 짧음은 어찌 모른단 말인가

빛을 찾아가는 것도 좋지만
어둠 속에 있는 이웃도 기억하며
작은 발 거름하며 품을 팔고 사는
언제나 행복과 불행은 한 형제라고
함께 우리들 마음속에 생활한다는 것에
우리 모두가 고마워 해야겠습니다.

떡국

세상을 닮았나
동글동글

네 마음
내 마음을 닮았는지
모가 없구나

누가 형인지 동생인지
맛으로는 알 수는 없지만

우리는 한 형제 한 자매
나이를 부르고 행복에 녹아나는
화목한 가족입니다.

아침 인사

고즈넉한 평화의 도심 속
깨끗한 하늘 구름도 바람 따라
투명한 공기를 내놓는

따스한 해님이
세상에 아침 인사를 한다

일어나라
거룩한 날이다
쉼 없이 내리는 햇살
은총이 되어 수북이 쌓이는

따뜻한 마음이 있고
사랑을 가득하게 나누는
행복이 소리 없이 채워지는

무거운 짐을 내려주는
미운 마음을 사랑하는
무서운 세상을 아름답게 가꾸는

평화를 찾아 떠나는
어둠을 멀리하고픈
불의에 마음 아파하는 날
복된 시작이다.

그의 자녀

하느님
나를 내놓으시고
빛이 되라 하시며

은총
축복
평화
사랑을 주시며
말씀하십니다

너는
내 자녀이다

내가 사랑하는….

성탄

그렇게 기다리던 그분
오늘에서야 오셨습니다

하늘과 땅의 주인이신 그분
사랑으로 우리에게 오셨습니다

알 수 없는 오묘한 사랑에
세상이 요동칩니다

사랑은 이런 거란 몸소 실천으로
우리 마음을 뜨겁게 합니다

닫혀진 가슴엔 알림도 없어
두근두근 설렘뿐입니다.

내 나이는 몇 살

오늘도
사람들 세월을 먹는다
每(매) 때 쉼 없이
세월을....

별맛 없을 것 같아도
맛있는가 보다

못 먹는 사람도 없고
안 먹는 사람도 없는

먹지 않으려
발버둥 쳐봐야 헛수고
이판사판 시간에 맡겨본다

오늘도
꼭두새벽에 나를 내놓으며
하루 일과 준비

먹고 싶지 않은 세월
먹지 않을 수 없는 삶의 무거움
잊어버리고 살자

나이라는 놈
세월이란 놈
숫자에 불과한 것에 짐을 두지 말자

내일은
침묵 속에 희망을 살찌워 보자.

희망이 우리를

산소 같은 너
촉촉한 비가 되어 만난 우리

한낮의 볕같이 따뜻했던 가슴들
순간의 찰나에 사라져갑니다

왜, 여기 있었나 하는
빠른 시간의 흐름은
뒤돌아볼 수도 없는 아쉬움

이렇게 저렇게 떠나가는 너
이유가 있어 찾아오는 너
따뜻한 맘 내놓아 반겨보자

이제는 숨바꼭질이 아닌
찾아보며 사랑의 정을 나눠야겠다.

해 오름

새해 새날이라
세상의 모든 만물이 새것이야
모름지기 말과 생각으로 그렇다

요맘때면 오늘을 한 해의 시작
새해라 칭하며 온 마음 드려 복을 주고
그 첫날을 기뻐하며 정을 나누는 풍습이
다시 새롬을 낳는다

많은 시간을 맞이하며 곱게 익어가니
너와 나 모든 이의 마음을 설레게 하여
정성을 전함도 곱 사랑도 배가 되었다

시작은 알아도 끝은 아무도 모른다
누구도 그 끝을 알려고 하지 않지만
피할 수 없는 슬픔인 것을 어찌하겠나

그곳 내가 왔던 곳
어머니의 태 속이라면 차라리 좋을 듯
기억 속에 사라져가는 어제의 시작은
조금씩 조금씩 나와 멀어지고 있음을

오늘은 힘이 있는 시작이니
내일은 아름다운 마침을 만들어 보자.

하느님의 집

하늘과 땅이 맞닿는
세상의 작은 쉼터

따뜻한 하느님은
우리 모두의 선망

차가운 마음에
온기가 전해오며
사랑이 넘치는 곳

싸늘한 마음 내놓고
고운 마음 받아 가는 곳

절망이 희망으로 바뀌는
영원히 살고 싶은 곳입니다.

오늘은 내 생일

축하가 행복하다
너도나도 공평한
나눔의 날이기도 한

부모님
날 세상에 내놓으시고
기쁨 가득하셨을까

시간은 쉼 없이 흘러
하늘에 계신 부모님 전 문안은 뒷전
하늘에선 잘 계시는지

살아 계셔 감사했는지
자식 노릇은 제대로 했는지

아이들이 들려주는 축가
나를 꾸짖는 노래인 듯
마음은 휑하니 뚫린 구멍이다.

행복하다는 것

속삭이며 다독이고
마음을 다해 가슴으로 안아
따스한 마음으로 네 것이 되는

늘 부는 싸늘한 바람처럼
언제나 그런 양 상처 주는 말
돌아보고 싶지 않은 어제
하나둘 없애 주는 내일이

어머니 테안
사랑하는 임의 품속
든든한 가족의 울타리

너는 나의
나는 너의
빛이고 그림자가 되는

내어 주고 받을 수 없는
오른손은 선한 일에
왼손은 옳은 일을

가슴은 불의를 치우고
정신은 정의를 부르며
온 마음으로 너를 사랑하는 것.

하느님의 자녀

하느님을 뵈옵던 날
큰 기쁨 속으로 날 인도하시며
이렇게 말씀하십니다

너는
내가 사랑하는 자녀이다

마음을 크게 열고
나를 맞이해 주어 고맙구나

너에게
하늘의 보화를 주겠다
잘 보전하여라

이는
사랑이니라.

이 가을에

농부의 땀방울은
탐스러운 결실을 내놓고

하나하나 맺어지는
또 새로운 시작을 준비한다

곱게 차려입은 잎새도
시집갈 준비가 다 되었는지
한 잎 한 잎 바람 가마 타고 훨훨

어김없이 찾아오는 계절
피할 수 없는 순간을 맞이했네

산에는 울긋불긋 불이 났는데
소방수는 보이질 않고

논에 나락들
농부에 목이 부러지도록
고맙다는 큰절을 한다.

나무의 삶

겨울에
산과 들 칼바람 짙어
겨울나기 나무의 고통

봄날
따뜻한 해님 얼굴 보려
애쓰는 새싹

여름에
뜨거운 땡볕 맞으며
꿈을 가꾸는 산과 들

가을에
온누리 곱게 물들어 가면
황금 비단 장식하고
신랑 기다리는 새색시

단풍이 된 임

아직도 그대는
가을입니다

겨울 길목의 추억 속에
곱게 차려입은 단풍을 닮아
누가 언니인지 동생인지

그냥 그대로 계신다면
좋을 듯합니다만
아쉽지만 그럴 수 없으니

그래도
한 닢 낙엽이 되는 꿈은
꾸지 않았으면 하는 마음이라오

시간은 야속하게 쉼 없이
오늘을 또 내일을 재촉하지만
모래는 양보를 말아야 합니다.

지금의 그대는
오늘이 고운 단풍이요
가장 아름다우니까요

봄비

봄비가 촉촉하게 내리는 것에 감사
몸을 맡겨 잠시 반겨본다

겨울 가뭄 길어 건조하여
그리움은 하나같이 한 방울의 단비

절기 잊지 않고 찾아오는 봄
반기며 파릇함 데리고 오는 너

매화 봉우리 터질 듯 볼록볼록
막걸리와 부침개가 생각나는

촉촉한 날의 봄비는 마음에도 봄
내 사랑도 한 방울의 봄비로 시작

여기 기웃 저기 기웃 이웃사촌 함께하는 오늘
봄비를 맞이하니 만남도 촉촉하다.

세상아 마음아

왜 그럴까
세상이 뿌옇게 보인다

내 마음이 잘못된 것일까
내 생각이 옳지 않은 것일까
산야 온갖 것들이
지나는 사람도
내 이웃도
내 형제도
내 가족도

빛 드리움이 두려운 것일까
세상을 맞이할 준비가 덜 되어서
내가 부족함이 많아서

아, 초라하다
어디 맘 둘 곳이 없다.

봄날

봄이 잠에서 일어납니다
해님이 반기며 안녕

포근한 바람 님도
살포시 볼을 스치며 안녕

사람들
봄의 잠 깸에 기뻐 들 안녕

두툼한 풀섶 이불 걷으며
눈곱 띠는 새싹이 안녕

장독대 앞 매실나무
하나둘 꽃 피우며 안녕

봄의 제왕 벌 님들
윙 윙윙 안녕.

우리 가족 매실나무

우리 집 정원에는 봄 전령
매실나무의 꽃 만개로
화사한 봄을 맞이하고 있다

몰려오는 벌들의 방문과
특유의 무서운 소리 윙윙
귓불을 스치면 두렵지만

옛날 할머니 손등과 같은
굵게 파인 줄기에 배어 있는 세월은
며칠 후 기일을 맞이하는 어머니를
하루빨리 뵙고 싶어지게 한다

한 줄기 한 줄기마다 꽃잎이
바람에 떨어지며 향기를 휘날리면
함박눈 내리는 것을 보는 듯하여

겨울의 힘듦도 잘 참아 내놓은 모습이
우직하고 슬기롭게 보이더니만

오늘은 지난봄의 모습을 재현하듯
더 크게 자람과 울창하게 보여줌이
참으로 고맙고 대견하다

매실나무는 오래전에
지인으로부터 분양받은 나무로
세월을 먹은 것은 내 집과 비슷한 나이
멋지고 튼튼하며 굵지도 않지만

수만 개의 새하얀 꽃잎은
온 집안에 향기를 채우고
튼튼한 열매로 기쁨과 사랑을 받으며
설렁대는 바람 따라 노래와 춤도 추는

한고비 한고비 넘기는 여름에
숨 막히는 더위를 멀리 내쫓는
하나에서 열까지 모두가 예쁘고
참으로 고마운 가족이다.

음식물 찌꺼기

하얀 밥 톨 몇 개
빨간 고춧가루와
김치 몇 조각 그 외

파란 나물과 친구들
맛있는 돼지고기 수육
이리저리 뒤 섞이고

새콤달콤한 구정물에
마구 던져집니다

한 끼에 허기를 채우며
사랑 많이 받았지만

순간 잔 밥으로
떠나가는 가는 몸이 되어
슬픈 작별을 하려 합니다.

봄날에

꽃길을 걸으며
꽃을 닮아 향기를 내는
아름다운 꽃을 피워보고

얼음 풀린 냇가
흐르는 물의 심성이 되어
부드런 모습 닮아 봅니다

따뜻한 봄
양지바른 언덕 위
아지랑이도 되어 보고

파릇파릇 새싹으로 태어나
겨우내 지친 이웃들에게
끈기와 희망을 전해주고 싶습니다.

기다림

어둠이
빛을 애타게 기다리듯

봄날은 그냥 오지 않고
기다리는 사람에게 다가옵니다

꿈은 거저 이루어지지 않으며
꿈을 가꾸는 사람에게 이루어집니다

사랑이 그렇고
행복도 그렇고
평화도 그렇습니다

모두가 가슴으로 맞이하고
마음에서 시작되기에 그렇습니다.

찌그러진 오늘

하늘 보고
땅을 보니
허연 안개 같은 미세먼지

아이고
아이고 나 죽네 나 죽어
날씨가 초상이 났습니다

해님은 어디에 가셨는지
보이지 않고

하늘과 땅이
종일 찡그리며 아우성

일용할 공기는 고랑 고랑
비실비실 숨넘어가는데

뭐가 그렇게 좋은지
바람이라는 놈 윙윙 쌍욕을 하려니
코로나19 그놈과 데이트 중이란다

아, 이 참상 어떻게 하면 좋은가
동서남북 온 천지 둘러보아도
입마개, 입 덮개 침묵 속의 무표정
어떤 마음일까 무슨 생각을 할까.

獨道

누가
날 두고 외롭다 하나

난
부모 대한민국이 있고

삼촌 그리고 아들
대한의 경비대가 있으며

대한의 땅 수백의 형제
부모님 몸 보호 드리며
대한의 곳에 형제 사랑 나누고

대한의 국민도
우리 땅이라 하지 않는가

난 외롭지 않다.

임에게로

떠나는 사랑
잡을 수도 막을 수도
어둠의 길 밝혀 줄 수도 없는
한 몸은 아쉬움이 가득합니다

수백 리 먼 길도 아니고
잡으면 잡을 듯
달려가면 곧 닿을 곳인데
왜 이렇게 먼 길일까

시간은 쉼 없이 오늘을 뒤로하는데
텅 빈 가슴은 바람에 쓰러질 듯
주체가 안 됨은 어찌합니까

맘은 임에게로 달려가고
몸은 여기에 제자리걸음
먼 산만 바라보는
망부석이 되어 갑니다.

희망의 나래

어린이들은 내일이라는 꿈이
어른들은 미래라는 희망을

사람은 누구나
여기가 저곳이었으면 하는
가슴을 뛰게 합니다

바램과 기대를 갖게 되어
역동 속 울림에 꿈을 꾸게 되고

오늘은 멀리 있다 하여도
내일은 즐겁게 기다립니다

우리의 꿈은
미완성의 한마음이고

우리의 희망은
아름다운 나눔이며

우리의 만남은
사랑하는 것입니다.

슬퍼하지 마오

시간이 쉼 없이 간다고
아쉬워하지 마오

꽃잎이 힘없이 떨어진다고
슬퍼하지 마오

낙엽이 뒹굴뒹굴 거린다고
마음 아파하지 마오

사람이 세상을 떠났다고
허무하다 생각하지 마오

내 이웃이 날 버렸다 하여
힘들어하지 마오

기다리다 보면
기쁜 날
행복한 날

오늘은 오늘
내일 또한 오늘의 시작이 외다.

歡喜

너는 소리 없이 다가와
나의 잠재 순간을 깨운다

땡볕이 대지를 덮는다
나는 너를 피하고 싶지만
너는 막무가내 내게로 와
나의 가슴을 뜨겁게 한다

어둠이 나를 괴롭힌다
나는 결코 원하지 않지만
너는 이유 없이 등불이 되어
나의 앞길을 밝혀준다

세상에 불의가 덮친다
나는 한구석에 움츠려
너는 두려움 가득 내놓아
나의 용기를 시험한다

사랑이 식어간다
나는 싸늘히 식은 가슴에
너는 따뜻한 마음을
나의 삶에 의미를 준다

오늘은 내일의 시작이다
나는 미약함을
너는 출발의 소중함에
나의 심장을 다시 뛰게 한다.

행복

여기에도 있어요
저기에도 있고요
내 옆에도
네 옆에도
우리 가운데도 있어요

주인도 없고오
누구나 가져가면 되고요
묶어 놀 수도 없어요

어디에나 머무를 수가 있어요
찾아야 얻을 수 있어요
소망해야 찾을 수 있어요

모두가 함께해야 채워지고요
너와 나 나눔 속 그 속에 있어요.

난 희망이 있어

콩 심은 데 콩이 나고
팥 심은 데 팥이 나는 오늘

하루가 열리고
한 달이 끝나며
새해가 시작되고
나이라는 놈 한 칸 덜커덩

어제 거울 속 나는
모든 것이 텅실하고
모든 것이 고왔는데

오늘 세상 속의 나는
허연 머리카락
뚱 튀어나온 배
하나둘 굵게 패인 주름살

서글픕니다
가슴이 아픕니다
왜 이렇게 되었을까

그래도 희망을 품어봅니다

어제의 아름다움이었다면
오늘의 또한 아름다울 것이고
내일은 더 아름다울 것입니다.

그림자

세상에서 가장 친한 무엇이 있을까
절대로 떨어질 수 없는
어디를 가든 꼭 같이 가야 하고

내 것이 네 것인 것
슬픔도 같이
웃음도 같이
행복도 같이
언제 어디서나 나의 모든 것

늘 곁에 있지만 말이 없어
우정이 없어도 나를 이해하고

사랑은 내놓을 수 없으나
조용히 동행해 주며

내가 삶에 지쳐 그늘에 쉬면
그도 곁에 쉬어 주는

나의 영원한 벗이며
항상 함께하는 동료입니다.

너는 혼자가 아니다

한 사람이 길을
또 한 사람이 길을
그리고 한 사람이 함께 길을 갑니다

말이 없습니다
한참을 말없이 갑니다
헛기침을 합니다

한 사람 입을 뗍니다
어디까지 가십니까
쳐다만 봅니다
말이 없습니다

무슨 얘기나 무슨 말이라도 하면
무료함도 가시고 먼 길도 가까울 텐데
이렇게 셋은 말없이 길을 갑니다

그중 한 사람 돌부리에 걸렸고
그만 넘어졌습니다

세 사람은
정신이 번쩍 번개가 쳤습니다

서로의 얼굴을 쳐다봅니다
껄껄껄 웃어 댑니다.

秋夕

한 가슴은 부풀어
오곡을 내놓았네

무서운 땡볕은 식어
다른 계절을 부르고

나 너 모두 한목소리
아이구 시원시원하다

계곡의 곳 모퉁이엔
황금알이 짙어가는

길섶 갈 벌레 우렁차
절기 이길 장사 없고

내 가슴 우리 마음은
보름달이 되었구나.

시작과 공간

내일은 기대의 순간
손꼽아 기다리며 부푼 가슴
무엇을 할까, 어떻게 지낼까

설렘은 한 바구니다

앉았다 일어났다 왔다 갔다
이것도 해보고 저것도 해보며
이리 둥글둥글 세월만 죽였네

지난 몇 날은 무슨 꿈을 꾸었는지
기억도 없고 의미가 없어 보이나
끝날 오늘에 뒤돌아보면

가슴에 구멍이 뻥
허전함은 가슴을 매울 수가 없다

기쁨도 있었고 행복도 나누었던
한 삶의 그늘 안에 있는
食口의 소중함을 느껴본다.

아직도 너는

오늘이 내일이라면
난 감사하라라

내일은 오늘이기에
오늘과 내일은 한 마음
한 형제이니까

시간이라는 놈
날짜라는 녀석이
편을 갈라놓았지만

순간의 찰나
마음가짐에 무거운 짐
내일이 오고 있다

모든 것을 한마음으로
지친 이의 어깨
살포시 안아주면 좋겠다.

허수아비의 삶

내 맘 빈 공간도
가을이 되었으면 좋겠다
가득 채워지게

뭐든,
사랑도 좋고
행복도 좋고
기쁨도 좋고
우정도 좋고

아무도 채워줄 수는 없는
이 가을은 채워 줄 수가 있겠지

넓은 들녘이 되고 싶다
온 세상 가득하게 채우는

황금물결에 이 몸 싣고 싶다
갈 바람에 편히 누워 쉬게

자유를 수놓는 참새가 되고 싶다
허수아비의 삶을 가슴에 넣게.

삶 속에

언제 새싹 때가 있었나
포근한 봄바람 생각도

뜨겁던 한여름의 햇살
한 모금의 물이 그립던

끝없이 내리던 소낙비
쉼 없이 불어오던 세찬 바람

맑은 공간 속에 보이지 아픔
상처를 찍어 대던 시련의 날

하늘에 하얀 구름 솜털이 되어
추워 떨고 있는 대지를 덮어주던

하나하나가 고마웠던 인내의 시간은
아름다움 속으로 가득 스며든다.

한 울타리

우리 젊을 적
파릇파릇한 사랑
아무것도 없는 빈 공간

의미 있는 만남
두 손을 잡고 먼 훗날을
두근거리는 가슴에 간직하며

하루이틀 새 날 작은 마음을 내놓았지
하나에서 열까지 부족함이 가득
子息이 태어나 힘이 되었고

힘겨움도 두려움도 모르고
한가지 또 한 가지를 이루며
세상에 나래를 펼쳐갔지

소중한 유산 하느님의 사랑에
서로를 아끼고 소중히 하며
하나둘 이루며 찾아갔지

집안의 소중한 대들보를
얻게 되고 활기와 새 희망이
너와 나, 온 가족이 행복했고

바람 같은 시간의 흐름은
주름살을 많이도 낳았지만
기쁨이요 행복인 여기에

축복이 가득 있었고
고통은 많았지만 희망이 있었으며
알뜰한 사랑 속에 우리 가족 여기에 있다.

샘물

생명의 물이 땅에서 솟아오른다
가슴에서 나온 사랑 사람의 목을 축인다

너는 나의 우물이다
나는 너의 생명이다
서로가 이해하는 것
내가 너를 사랑하는 것
사람이 사람을 신뢰하는 것
고통 속에 있는 이들에게 희망을 주는 것
아픈 이들의 마음에 동참하는 것
병든 이들의 상처를 치료해 주는 것
외롭고 슬픈 이들을 포근하게 안아 주는 것
불신과 미워하는 이들을 위해 기도하는 것

주위에는 많은 우물이 있다
땅속에서 솟아나는 샘물도 있고
나눔의 가슴에서 솟아나는 샘물도 있으며
지체를 나누며 생명을 주는 犧牲의 샘물도 있다
너와 나는 사람의 목을 축이는 샘물이 되고
우리는 한 모음의 물을 나누는 사람이 되어야겠다.

오늘이 있어 감사하며

빛이 가득 내리는 땅
축촉이 세상을 부드럽게 하고
안개의 유영은 포근하게 한다

옳은 길 찾는 영혼의 이정표
파란 신호등이 길을 활짝 열고
우리들은 안전하게 그 길을 간다

밝은 태양이 오늘을 밝혀오면
살아 숨 쉬는 생명체 활기가 차고
우리는 오늘 주어짐에 감사한다

길 찾은 사람들 고운 옷을 입고
길 잃은 사람들 빛을 갈망하는
축복이 내일도 영원하길 바라며

마음 하나 되어 온몸 드리우고
떨리는 가슴 오래오래 간직하며
또 하나 새로운 길을 찾아 나선다.

시간의 포로

시간은
묶어 둘 수가 없다
또한 만질 수도 없다
느낌도 없다
타협도 안 된다
묵묵히 두고 봐야 하는 놈이다

지금 몇 시입니까
몇 시쯤 약속할까요
시간 좀 잘 지키세요
시간 좀 내주세요
시간이 없어요
몇 시에 갈까요
시간이 어떻게 가는 줄도 모르겠다

젊은이는 시간이 안 가서 안달이고
중년은 무료해서 하품을 하고
노년은 넘 빨리 가 시간관념이 없다

시간에 나를 실어 보자
시간에 의지하여 보자
시간을 잃어버리자
시간을 놓아주자
이제 시간에서 해방이 되자.

틈새

하늘과 땅 사이 커다란 공간
산과 산에는 골짜기
나라와 나라 사이의 다툼
노년과 청년의 괴리
너와 나 사이의 불신
男과 **女** 아름다움의 정점
사랑과 미움의 갈등
선과 악의 **敵對**

남극과 북극의 **赤道**
동쪽과 서쪽의 양면
시작이 있고 마침이 있는 우리네 삶
누가 먼저인가 누가 꼴찌인가

너와 나 사이에 존재하며
보이지 않게 벌어져 가는 틈새
손을 넣어보자 그리고 메꿔보자.

고무장갑

나는 행복하다
많은 주부들이 애용하는 귀한 몸이다
보잘것없는 얇은 고무로 되어 있지만
아무도 나를 대신할 수가 없다

내 몸속에서 녹아나는 부드러운 손
거친 손 아픔으로부터 보호하여
예쁘고 고운 손 뽀송뽀송 지켜주는

온갖 오물에서 헤엄을 치고
요리조리 물속을 휘저으며
이놈도 저놈도 긁어주고

뽀드득뽀드득 하얀 사발 속
자신의 존재를 확인하는
온몸 녹아나도록 모두가 내 사랑이다.

가을 아침에

나뭇가지가 붉게 타오르며
빛줄기 되어 내리는 축복

아름다운 무지개 언덕
곱게 단장한 단풍 아씨
온 누리 향기를 내놓고

뽀얀 안개 펼치는 煙舞
빛나는 보석이 되어
삶에 찌든 아침을 밝힌다.

정류장

누굴 기다리는 곳
잠시 머무는 곳
누구나 올 수 있고
누구나 떠날 수 있는
이별의 장소
만남의 장소
슬픔이 있고
행복이 있는

하늘이 날 내시며
당부하시는 말씀은

세상에 내려가거든
꼭 필요하고
요긴하게 쓰이며
나누는데 앞장서는 사람
복된 사람이 되라 하시니

나도
그렇게 되리라

세상은 정류장이다
잠깐 머물다 가는.

너 나 그리고 우리

보고 또 봐도 보고픈 사랑
시간이 지나면 사그라질까

바로 이웃을 하고
가까이에 跡(적)을 두고 있다고
늘 눈을 뜨면 본다고
항상 연락을 준다고
순간을 벗어날 수 없다고
정이라는 것이 있다고
우리가 내놓고 나눈다는 것이

이제는 함께 해야 한다
시간은 우리가 뭘 해주길
어떻게 해야 옳은 일인지
기다려 주지 않음을 기억해야

바람이 많은 소식을 전해온다
사람이 살아온 每(매) 순간 의식들
격려 없는 삶 번잡한 내일
정답 없는 길 잃은 일상
침묵 속에 나도 여기 함께 있다.

손

눈을 가리면 세상이 침묵
나 홀로 만족하는 오늘날 우리

아이가 세상에 나올 때
주먹을 꼭 쥐고 나온다는
이야기는 무엇을 의미할까

오른손이 한 착한 일
왼손이 모르도록 하라는
진리가 그리운 세대다

난 당신이 좋아요
꼭 안아주는

나는 비무장이야
두 손 번쩍 들어 마음을 비우고

반가울 때 잡는 손 환희를
슬플 때 잡는 손 위로를

따뜻한 손 뜨거운 손
마음을 내놓고 이웃하며

함께 살아가는 행복 가슴에 담아
정을 주고받고 사랑을 실천하는
큰 손이었으면 좋겠다.

사랑의 진실

손자병법에
적을 알고 나를 알아야
백전백승한다고 한다

베풀 수 없는 좁쌀스런 삶
가득 채워지지 않는 사랑은
만남의 아름다움을 알 수가 없다

그를 알지 못하고
나를 알지 못하였기에
사랑은 달콤함을 잃어버렸다

진짜 사랑을 나누고 싶다면
가슴을 활짝 열어 두 손 번쩍 들어
뻥뻥 뚫린 가슴을 보여줍니다.

30%

쉼 없는 시간은
왜, 이렇게도 나를 괴롭히는지
잠시도 멈추려 하질 않는다

동에서 번쩍
서에서 번쩍
종잡을 수 없는 日常(일상)

사랑 찾아
이리 뛰고 저리 뛰고
평생을 찾아다녔건만
아직도 가득 채우지 못한 사랑

허탈함이 욕심인가
비워야 한다는 마음은 방황에
아직 30% 부족하기만 하다.

작은 행복

일상적인 시작
매일 같은 생활
변함없이 부디끼는 것들
고른 숨을 쉬게 하는 주어진 일
하나같이 굵은 밧줄로 얽매여 있습니다

밝은 웃음 힘찬 걸음을 주게 하는
가족의 밝은 모습들이 오늘을 있게 하고
하나둘 넓이뛰기를 하듯 기운을 냅니다

여기에 있어
나는 너를 칭찬하고 너는 나를 신뢰하는
주어진 작은 것에도 크게 고마워합니다

따뜻한 마음 내놓으며 사랑을 심어
기쁘게 너를 맞이하여 오늘을 감사하고
소중한 것에서 즐거움을 찾아내게 하여

깊은 시간은 침묵 속에 부족함을 채워
아름다운 생각을 만들고
즐겁게 희망을 심어

찰나에 있어지는 숨 가쁜 일상적 삶
활기를 내놓아 행복으로 나를 보냅니다.

己亥의 눈물

황금돼지 己亥가 가는구나
黃金 덩이가 떼굴떼굴 굴러오더니

온 나라
모든 가정에 온다고 했는데
제대로 도착은 했는지

사람들
행운의 황금 복 많이 받아
행복들 해야 할 텐데

네 얼굴 보면 어제와 같고
내 모습 보아도 오늘도 같으니

가득한 삶 통통하게 살찌우는
오늘이 고맙기만 합니다.

청포도

청록의 하얀 가슴
얇게 분칠한 듯 윤기가
과하지 않고 그대로의 아름다움
큼직하기가 밤톨 입안에 군침이 돈다

풍요의 자태를 품은 거봉의 시샘
달콤새콤 흑기사 캠벨의 구혼에도
순수의 정결의 자태로 고이 지켜온

한 톨 입속으로 들어올 때
입안에서 자신을 오로지 내놓으며
톡, 깨지는 아름다운 **犧牲**
아, 이 맛!

너는 어느 쪽

박식한 능력을 가진다는 것은
많은 노력과 고통을 투자해야
비로소 얻어지는 것이니

현명한 사람이라면 힘들게
삶을 맞이하려 하지 않고
슬기롭게 오늘을 찾을 것이다

행복한 사람이 되어
오래오래 기쁨을 누리려 한다면

사랑을 많이 나누고 실천하는
그 속에서 찾아야 할 것이다

너는 어느 쪽.

가슴으로 글을 쓴다

심장이 요동친다
언제 어느 때부터인지

글을 창작하고 가꾸고 있는
시인이라 부르는 너

말씀이 심장을 울리고
기다림을 꾸미고 만들며

아름다움을 노래로
아쉬움을 그리움으로

빈 가슴속에 소중하게
희망의 꿈을 새겨넣는

행복을
한 숨 한 숨 채워 넣는

여기 조용히 마음을 열어
작은 소망을 조금 조금씩 채워갑니다.

너를 떠나며

뭣하나 버릴 수 없는 순간들
무언가 아쉬움이 가득했던 어제
己亥 년이 떠나려 채비를 합니다

숨 쉬는 것조차
말하는 것조차
가슴에 넣었던 것
참으로 아름다웠던 기억들
행복했던 일상들
다사다난 함께 한 모든 것들

참으로 행복했습니다
늘 고마웠습니다.

오래오래 살기

허리둘레가 몇이나 되능교
남산에 칡넝쿨로 재봅니다

때가 되면 찾아오는
뱃속의 신호 꼬르륵은
좋은 알람인지 슬픈 알람인지

주량은 얼마나 될까
오늘도 술 님과 찐한 사랑을
기억도 가물가물 어디로 가고

절제와 단주는 매일 하는 소리
소귀에 경 읽기라고 할까
밑 빠진 독에 물붓기식의 생활

오늘은 그럭저럭 지내지만
목이 타도록 갈증 나는 입속
구린내가 나도록 침이 마른다

참아야 한다
절제를 해야 한다
허구한 날 죄 없는 몸뚱이
이랑 내는 소는 되질 말자.

가을의 들

넓은 벌판 가득하게 채워진
황금물결 하나하나에는
농부의 고달픔이 있음을 모르고

땅에 재주를 부려 보았지만
돌아오는 것은 비웃음뿐이니
듬직한 농부의 우직함을 선물합니다

進退兩難(진퇴양난)의 어려움 속에서도
내 할 일을 다 하는 모습은
짙은 흙냄새가 황금을 낳게 하고

되돌아가려는 자연의 우산 속으로
농부의 고마움 고개 숙여지니
고달픔은 하나둘 익어갑니다.

임이여

임 계심에 포근한 오늘이여
쪽밤에도 하늘에 별을 헤아리며

수많은 시간이 흐른다 해도
변치 않을 내 사랑 오늘도 여기

현란한 시간의 아픔도 녹아 내는
아름다운 꿀벌이 되고 싶어요.

그림을 그리다

한 숨 한 숨 터치의 오묘함
손놀림의 요술 무엇이 될까

한 점의 시작에서
길다랗게 그은 실선에까지
이 생각 저 마음 우주를 넣고

끝없이 펼쳐지는 공간의 곳에
하나하나 심어지는 또 다른 길

세상에 태어나기 위해 몸부림치는
무지개가 되어 곱게 다듬어진다

숨죽이며 기다리던 세상을 잉태
한 점의 꽃을 수놓으며 마음을 심어
내일 태어날 새로운 세상을 그린다.

단풍잎 사랑

단풍이 떨어지며
하는 말 한마디

나 이렇게 떨어져
썩어 문드러져 흉한 몸
거름이 된다 하여도

난 이 가을
이 순간을 사랑해

많은 사람이 날 밟고 지나가며
아프게 하여도 난 그를 사랑해

사람들 나를 사랑하니까.

흙

하늘의 디딤틀 세상의 어머니
피조물의 근원이며 사람의 뿌리

발밑 밟고 다닌다고 불평도 없는
온갖 더러운 것 포용한다고
동서남북 펼쳐져 누워 있다고
하찮게 여기며 천시하고 지나가는

수 천 년을 수만 년을 변함없이
여기에 묵묵히 제자리를 지키는
오염에 가슴을 도려내는 아픔도 삭이며
긴 시간을 기다려 다시 일어나는

사람의 과욕에 하늘이 눈물을 내리면
크게 가슴 열어 쉼 없이 안아주며
깊게 우물을 내어 생명수를 내놓는

피조물의 생명줄을 끊지 않으려
온갖 곡식을 끊임없이 내놓으며
보답을 바라지 않은 희생의 원천

사람이 제아무리 사랑을 받고 덕을 많이 쌓아도
천대을 받고 고통에 찌들어도 피할 수 없는
언젠가는 돌아가야 할 곳

말씀에 가슴속에 깊게 새겨진
흙에서 왔으며 흙으로 빚어졌으니
세상을 마음 다 하여 아름답게 살다가
壽를 마무리하면 흙으로 다시 돌아오란다.

김장

천상천하
만물의 기운을 받고
한 땅 흙에서 태어나

고귀한 사람의 몸에 들여
한 손 한 손 숭고한 움직임
세상에서 제일가는 음식으로 빛을 내고

맑은 공기 한 줄기 빛 경이로움
사람의 손끝에서 나오는 맛이 향연
만 가지 양분의 조화로움을 내놓습니다

사랑
정성
화합
한껏 내놓은 오묘한 향

그 맛은 행복입니다.

기쁜 날이다

행복하다고 소리 질러볼까
누가 들을 수가 있을 런지

나 혼자 가슴에 넣고
기쁨에 환호를 지르고 싶다

지금
세상 사람 모두가
함께 기뻐하게……

아들의 군 생활

처음 마음은
검은 구름이 짙어 두려웠는데
순간의 생각
아무것도 아닌 지나치면 될 것을

그냥
작은 마음에서 나온 걱정이 가득
고운 바람의 도움으로 구름은 걷히고
편안한 생각이 드리우니 마음이 가볍다

잡을 수도 없었고
잡히지도 않았겠지만
순간의 시간은
오늘의 환희를 내놓으며
묵묵히 기다리며 준비하는 하루의 삶이
하나하나 곱게 쌓인 선물이 되었다

소리 없이 다가오는 행운이 곱게 내려
행복으로의 여정 소중하게 하여

먼 훗날
너를 기억하고 되돌아보게 하는
빛나는 보석으로 변화한
너를 볼 수 있게 되겠지.

시작이 좋아

시작하며
오늘을 주신 하느님께 감사

밝은 빛을 내려주시어
어둠을 보내고 따뜻함을
가득가득 주시니 감사

견딜만한 추위와
맑은 공기 적당한 바람
숨 크게 쉬게 하심에 감사

따뜻한 아침 밥 한 그릇
건강한 출발을 허락하심
가벼운 발걸음에 감사

어제의 힘듦 무거운 어깨
지친 육신 새 털이 되도록
가볍게 가져가심에 감사

좋은 생각 행복한 시작
끝이 없는 아름다운 자연
고운 이웃을 주심에 감사합니다.

길

오늘도 함께 가렵니다
서둘러 가지 않으렵니다

천천히 천천히 이웃들과
한 칸 한 칸 사다리 발을 내면서
무지개 산을 넘어야겠습니다.

끝없이 펼쳐지는 벌판을 지나고
험난한 언덕을 오르고
늪을 맞이하고 큰 강을 건너고

그곳에는 벗이 있으며
사랑 나눔이 가득하고
기쁨이 넘치는 터전입니다

따뜻하게 손잡아 주는 곳

크게 팔 벌린 가슴으로
함께 내일을 맞이하는 그곳은
우리가 머물고 함께하는 여기입니다.

여기 있음을

마음의 장막을 걷고
예쁜 해님을 바라보세요

닫힌 창문을 열고
맑은 공기를 마셔보세요

잠겨진 가슴의 빗장을 풀고
숨을 크게 쉬어 보세요

공허로 채워진 머리에
긍정이란 씨앗을 심어보세요

떨어져 나간 미움에
사랑의 열매를 채워보세요

두 팔 크게 벌려보세요
가슴을 활짝 열어 보세요
소리를 크게 질러보세요
내일이란 동무를 불러보세요
길가 거들먹거리는 돌멩이라도 힘껏 차보세요

그리고
뚜벅, 뚜벅, 걸어가세요.

너

소나기가 내리듯
쉼 없이 내리던 사랑은
안개가 되어 바람 타고 훨훨

잡을 수 없는 세월의 그늘은
자꾸 짙어지고 장막이 되어
어제의 너를 기억에서 떠나게 한다

잊어야 하나 뒤를 돌아보며
하나하나 헤아려 보았지만
멀어져 가는 너는 잡을 수가 없다

꿈속에서나 손을 잡아 볼까
크게 손을 벌려 보았지만
아련한 생각 속에 허공만 본다.

임을 보내며

햇살은 비가 오듯
사랑은 눈이 오듯
기쁨은 소낙비 오듯
임의 사랑에 고마워합니다

어제가 오늘이 되어
영원히 계속되길 바라며
생각에서 갚을 수가 없고
마음에서 내놓을 수 없는

임은 내 마음에 감동을 주었고
내 심장을 멈추도록 뜨거웠던
사랑

계속되는 시간의 흐름은
마음이 아프다고 하겠지만
나눔의 기적 속에 새싹이 돋고
행복 가득했음을 기억하겠습니다.

새날에는

마음도
생각도
정신도
새롬의 것

단디 무장하여
새론 시대의 중심

빛나는 투구를 쓰고
튼튼한 갑옷을 입고

사회의 구성원으로
봉사자로 사랑을 나누는

모두의 일꾼으로
큰 발자국을 뛰며

너의 사랑 속에
예쁘게 새겨지는
우리가 되어야겠다.

그렇지 그렇고 말고

요즘 지구는 둥글다 합니다
그러니 세상도 둥글고
세상이 둥글다면

내 마음도 둥글고
네 마음도 둥글어야 하니
이렇게 세상에 義(의)를 지켜갑니다

옛날에는 지구가 네모라 했습니다
그러니 내 마음도 네모였고
네 마음도 네모였습니다

지금 지구는 하나의 세상이며
하나의 지체로 한 목소리로
평화를 노래합니다

옛날에는 위아래가 있고
내 것이 내 것이요
네 것도 내 것이었지요

요즘은 내 것은 내 것
네 것은 네 것이지요
너 나 모두가 평등합니다

사랑을 나눕시다
규격이 없는 사랑
꾸밈이 없는 사랑
찐한 사랑을 나눕시다.

梅花

한 송이 한 송이 피어나는 정결함
눈이 부시도록 새하얀 꽃

양지바른 뜨락에
하얀 눈이 내리듯
꽃비가 쉼 없이 내려옵니다

따뜻한 볕 한 가슴 가득
봄소식 바람과 함께
침묵의 가지 위에

순백
사랑의 향기
세상에 내려놓았습니다.

꽃 피는 봄

잠시 떨어져 있었는데
힘에 버거웠던 긴 시간이 서러운가
언제나 때가 오면 찾아오는데

왜 이렇게 보고 싶을까
왜 그리워 안달할까

참고 기다리면 될 텐데
시간이 지나면 다가올 텐데
세월이 약이라고 하던데

오늘은 가슴이 답답할까
왜 이렇게 안절부절일까

눈을 감으면 어제의 그날
눈을 뜨면 흐릿해지는 건 왜,
심장이 쿵 쿵 소리를 지른다

꽃 피는 봄
따뜻한 햇살이 세상을 녹아내어
포근한 바람이 파란 새싹을 부르고
아지랑이가 피어오르는 봄이 오면
그때에는 너를 만날 수 있겠지.

꽃봉오리

침묵의 나뭇가지
봄볕이 내려오길 숨죽이며
솜털 쌓인 몸을 움츠리고 있습니다

통통한 몸
비밀의 장막에 겹겹 싸여
아무도 들여다볼 수 없는
신비로움 가득하기만 합니다

하얀 날을 묵묵히 맞이하며
모진 고통의 암흑에 맞서
희망의 날을 하나둘 헤아리며

불평 하나 없이 숨죽이고
하늘과 땅의 조화로운 사랑에
오늘 새 세상을 맞이합니다

아름다운 꽃으로

쉼 없이
가슴에 쌓이는 소박한 행복
희망의 꿈 가득 담고

향기를 뿌리며 달려가길
손꼽아 기다립니다.

빛이 되어라

빛이 되어라
너는 세상의 모두에게

빛의 향기는
하늘이 내리는 특별한 축복이다

부모가 보여주는 犧牲(희생)의 빛
세상이 보여주는 平和(평화)의 빛
위정자가 보여주는 和合(화합)의 빛
夫婦(부부)가 내놓는 信賴(신뢰)의 빛
자녀가 보여주는 孝道(효도)의 빛
가족이 함께하는 和睦(화목)의 빛
만남에 감사하는 歡喜(환희)의 빛
여인들의 애틋한 愛情(애정)의 빛
삶에서 오는 希望(희망)의 빛

너는
언제 어디에서나
빛을 내는 사람이 되어라
세상을 밝히는....

아, 엄마

잊을 수 없는 사랑은
꽃가마 타고 가셨습니다

엄마
소리를 내어 불러봅니다
마음에서나 들려옵니다
엄마 목소리가

다시 불러봅니다
몇 번이고 불러도 싫지 않은
고향 같은 엄마 그리운 엄마

세월이란 이름으로 힘들고
엄마란 이름으로 맞이하는
사랑의 높고 깊음은 끝이 없습니다

멀리 계셔도 여기 계시는 듯
포근한 가슴 따뜻한 모습은
하얀 치맛자락으로 전해옵니다
자나 깨나 옆에 계실 듯
거친 손 내놓으며 하얀 미소
두 팔 크게 벌려 날 오라 합니다

엄마,
엄마,
대답이 없으십니다.

끝자락에서

일상생활에는 늘 아쉬움이 있습니다
작은 일이라도 섭섭할 때가 있고
커다란 기쁨 속에도 부족함이 가득하여
마무리 뒤에도 무언가 허전함을 느낍니다

사람들은
가득할 때도 아쉬워하고
부족할 때도 아쉬워하는
늘상 넉넉함에도 비워있는 듯
채우려 아옹다옹 다툼도 합니다

우리는 많은 것에 부족함이 없으며
모두가 똑같이 채워져 있다는 것을 모르는 듯
그렇지 못한 그릇에 채우려고 몸부림치는 내 모습

마음의 허기짐을 몸으로 부대끼며 안타까워하고
무엇이 그렇게도 아쉬운지 다시 뒤를 돌아봅니다

내일은 오늘에게 속삭입니다

우리는 모두가 부자입니다
마음에는 모든 것이 가득 채워져 있습니다
무엇하나 드려 놓을 곳간이 없습니다
이제는 비워내어야 합니다

壽(수)를 다하고
그곳에 갈 때 무엇하나 가져갈 수가 있는지요
사람은 맨몸으로 태어나서 마음 부자로 살다가
빈 주머니 차고 왔던 곳으로 돌아갑니다
오늘이 저물어 가고 있습니다
동서남북 천상천하 답답하고 미덥지 않은 오늘
내놓고 비워낸다면 다시 채워질 것을 왜 모르는지요
이제 무거운 짐은 내려놓읍시다
가벼운 마음으로 내일을 맞이합시다.

사랑하는 당신

세월이 깊어 갑니다
나이도 익어갑니다

잡을 수 없는 시간을
이길 수 없겠지만
사랑하고 이해하고
함께한다면 이길 수 있겠는지요

잠시 떨어져 있어도
가슴에 커다란 구멍이 뚫린 듯 허전하고
같은 하늘 같은 공기를 마시며
같은 생각을 심어도 보고픈 당신

지금 여기 있어
나 여기에 있어

속삭이고 있지만

쉼 없이 가는 날들
잡을 수도 막을 수도 없어도
오늘을 사랑합니다

먼 훗날이 언제쯤 인지는 알 수 없지만
침묵 속에 하나둘 헤아려보니
오늘이 바로 그날이 아닌가 합니다

눈을 감으면 제자리를 빙글빙글 돌 듯
제자리를 지키는 웃고 웃는 지금
시간이라는 세월을 쉼 없이 돌리며
이 순간이 어렵고 무거워도 한없이 행복합니다.

사노라면

이런 일 저런 일
고운 일 슬픈 일

스치는 것들
부딪히는 것들

이렇게
저렇게
이유가 있고
삶의 지표가 있다

나 홀로가 아닌
함께 이웃이 되어
만남 속에 사랑을 심고 나눌 수 있다면

네가 있어 좋고
이웃이 있어 행복한

위도 아래도 없는
희망의 노래를 나눌 수 있으리.

여보 시어들

지금 무엇 하잔 것이요
기분 싹 안 좋네그려

비실비실 된다고
왜 손가락질하남

가만히 있는다고
가마니때기인 줄

하늘 보고 푸념해 뿌면
제 얼굴에 새똥 떨어지고

혼자 씨부렁해 봐야
지나는 놈 인상 찌푸렁

이제나저제나
얌전 지키며
얌전한 척해 봤자

늘 제자린 걸
아 이놈 팔자 가슴 쓰려

난 언제 어느 때
저곳에 머무를까.

인생 그림

눈을 비비면 하루가 시작되는가
세수를 하면 아름다워지는가
밥 한 끼 먹는다 하여 배가 안 고플까

하루쯤 잠을 자지 않는다 하여
세수를 한 번쯤 하지 않는다고 하여
밥 한 끼를 굶었다 하여도 나는 그대로다

사람은 잠만 자는 것이 아니며
사람은 몸치장만 하는 것이 아니며
사람은 밥으로 사는 것도 아니다

한 번 세상에 온 생명 너에게 나에게
득을 주고받고 귀하게 사랑을 나누다가

어느 순간 기회가 된다면
나를 사랑하고
나에게 고마워하며
나 자신에게 한 모음의 음료라도 들려줘야겠다.

멋진 만남

시간은 내일을
가슴은 오늘을 기다립니다

지난 것에 연연은 뒤로
한쪽 가슴에 남긴 추억들

뒤돌아 가려 등을 돌려도
뭔가 아쉬움에 뒤돌아보는
오늘의 우리들입니다

긴말
많은 생각이 필요 없는
하나하나의 마음들은
여기 만남을 낳았습니다

서로의 생각이
서로의 마음이 다르다 해도

마음 주고 정을 주며
쉼 없는 만남으로 너 그리고 나
우리들 모두가 행복입니다.

나는 보름달

내 마음에 보름달을
넣어 보세요

마음에 보름달
빛을 밝히는 사람이 되지요

내 생각에 보름달
그려보세요

생각에 보름달
세상을 밝게 그려 내지요

내 삶에 보름달을
닮아보세요

삶에 보름달
만사형통 둥글 동굴
모두가 내 사랑이 되지요.

꽃잎이 되어

어제는 파릇파릇한 젊음
곱게 곱게 단장하고
예닐곱 날을 살다가

꼬까옷 한 잎 한 잎 떨어지는
오늘의 처지를 슬퍼합니다

벌거숭이가 되도록
행복도 한 겹 한 겹 벗어 내고
아름다움도 모두 내려놓았습니다

마음도 비웠습니다
가슴도 저려옵니다
그래도, 그래도 괜찮습니다

내일은
사랑으로 가득 채워지는
새 날, 새 희망이 있기에....

뒤돌아보는 삶

내 마음에 심어놓은 사랑의 열매는
짙은 가뭄으로 쭉정이가 되어 메말라 가고
온 누리를 둘러보면 사랑의 희망을 찾을 수 없을 듯
이기적이고 타산적으로 나를 이끌고 있다

사랑이란 것을 생각해 보면 별것이 아닌 것 같은데
나에게 오는 사랑은 참으로 달콤하고 입맛을 돋우며
생활을 하면서 거저 얻어지는 것들임에도

그 사랑이 나를 지탱하고 있다는 것에 대하여
전혀 느끼지 못하고 살아가고 있다는 것에
많은 이웃들에게 미안함을 느끼게 하며
큰 죄를 짓는 것이 아닌가 한다

감사할 줄 모르는 오늘
사랑할 줄 모르는 이곳
사람이 홀로 살 수가 있는지를
오늘도 내일도 많이 생각해 보자

사랑으로 사랑하기

주위의 수많은 이웃들이
나에게 그리고 너에게 우리 모두에게
많은 사랑을 나누고 있다는 것을 알 수 있을 것이다

이제 그 빚을 갚기 위해서라도
자신을 내놓는 것에 소홀해서는 안 될 것이며
서로서로 잘잘못을 가리기 전에
양보를 하고 용서를 해야 할 것이다

부족한 이웃에 대하여
끊임없는 관심과 애정으로 관용을 베풀고

이해와 배려를 통하여 사랑이 싹트게 하여
사랑의 샘물이 쉼 없이 솟아나고 넘쳐흘러
끊임없이 나누는 사람이 되어야겠다.

한 해를 보내며

그림 그리듯
조화를 이루며 내놓은 시간들

무지갯빛 고운 추억
가는 해 바구니에 담아내어
먼 길 떠나보내렵니다
내 마음 심어
하루를 지어내고

너와 나 가슴 열어
한 달을 맞이하였으며

우리 모두 온몸 드려
한 해를 만들었습니다

잘 가라는 인사를 하기보단
행복했다고
고마웠다고
사랑한다고
말하고 싶은 나날들

함께 잡았던 따뜻한 손
찐한 사랑 나누었던 만남
새해에는
조금 조금씩 꽃길을 만들어 내렵니다

1 +1=1

사람들은 부부를
일심동체라고 합니다

설익은 사랑으로
두 사람의 숭고한 나눔 속에
일궈낸 한마음의 열매입니다

부족한 마음으로 내놓은 사랑
하나가 되려는 커다란 희생은

고통을 다듬어 사다리를 만들고
한 칸 한 발 오르는 희망 속에
둘은 하나가 되었습니다

셀 수 없는 눈물 한 방울 한 방울이
길을 닦고 촉촉이 적시며

다른 한쪽을 받아들이는
빛의 예식입니다.

꽃 불

봄기운 가득
온 산을 안아 주며

낮은 산 높은 산
모든 산비탈에
산불이 났습니다

소방관 없는
고요한 산속에
골짝으로 봄 길 따라

이곳도 저곳도
하루가 다르게
멀리멀리 번져갑니다

한 물 머금고
모든 힘을 더해
큰 산을 단숨에 삼키고

향기를 가득 내놓으며
봄을 태웁니다.

촛불이 왜

제 한 몸 죽이며
빛을 밝히는 촛불

바람이 스치면
불심이 한없이 작아지는 것은

때로는 자신을 낮추는
겸손함을 가지라는 것입니다

오늘이 버거워 깜박이며
뜨거운 눈물을 내놓을 때

오늘의 아픔을
기억하란 것입니다

불심이 힘을 다하여
넓게 밝힘을 줄 때는

한 몸 내놓아 큰 일꾼이 되어
세상을 밝히는 사람이 되란 것입니다.

무지개 꽃

무지개의 화환은
끊을 수 없는
사랑의 고리입니다

물안개 속에 피어난
일곱의 방울 꽃
누구를 위해 피었을까

내 님 모시러
꽃가마 기다리는
가교를 낸 것일까

그의 사랑 그리워 애달은
선녀를 위한 꽃단장일까

가냘픈 햇빛에도
한 꽃 떨어질까 두려워
한 몸 한 몸 꼭 껴안고

일곱 송이 꽃 한마음 되어
사랑의 꽃길이 되었습니다

山谷 風景(산속 풍경)

겨울이 짙어 가는 산골엔
길 잃은 잎새들의 천국입니다

터줏대감
나무들은 벌거벗은 채
체력 단련을 하며

봄날 새 식구 맞이 하려는
産苦(산고)를 치르는 중입니다

해 맑은 山野(산야)는 청량하여
햇볕의 날렵함을 더하고

하얀 치아 드러내며
雪(눈)섶에 숨겨진 冷板(얼음)의 심장을
단칼에 도려냅니다.

靑空(하늘)의 畵板(화판)에
雲創(눈창)을 定點(정점)에 꽂으니
黑牌(흑귀)의 鳥(조)는 怪聲(괴성)을 질러대고

夕陽(석양)의
白雪(백설)은 붉은 바다가 되어
온 山野(산야) 뜨겁게 안아 줍니다.

꿈을 꾸자

한 아름의 바램을

가슴 가득히
담아 보는 꿈을 꾸자

비록 뼈를 깎는
아픔이 나를 害(해) 할지라도

보기에 하찮고
보잘것없는 것이라도
꿈이란 배에 나를 실어보자

종착지가 멀고
험난하더라도

지금은 알 수 없는
절망의 곳이라도

꿈을 갖자
꿈을 꾸자.

한판

윷놀이가
한판 벌어졌습니다

온 가족 온 동네에
센 소리 꺽소리
야단법석들 합니다

어린 손자
윷을 천장까지 힘차게 던집니다
모가 되었습니다

그런데
한쪽에선 웅성웅성

모입니다
아닙니다 뒷 도입니다
센소리 꺽소리가 오고갑니다

그때
손녀가 세워진 윷을 엎어 놓습니다
드디어 모가 되었습니다

이제는
온 가족 온 동네
하하 호호 웃음보 터집니다.

비우며 살아가기

마음을 비우고
곳간에 넣어둠이 없으면
모두가 부자인 것을

늘, 함께 하는 공기
보이지 않는 행복

오늘도
따뜻한 햇볕
고뇌의 깨끗함
길가 낙엽의 여행 자유로움

맘 아픔의 부드러움
불신과 강박, 따돌림의 설움에서 해방
평화가 여기에 있다

봄 안개의 순결
그림자의 無所有(무소유)
묶임
간섭
변명이 없는

편안함.

금, 은, 동 그리고 흙수저

아기가 응아 응아 울며
세상에 태어나면서
금수저가 되고

응애 응애 울며
세상에 태어나면서
동수저가 되고

애앵앵 울면 세상에 태어나면서
흙수저가 된다면

금전 쓰는 사람 금수저
동전 쓰는 사람 동수저
쟁기 끄는 사람 흙수저 이라면

모가지 힘주는 사람 금수저
옆구리에 힘주는 사람 동수저
배 아픈 사람 흙수저가 되고요

금, 동, 흙 수저 모든 사람은
제 홀로서기는 아닐 텐데

왜 이럴까?
한 줌씩만 내놓으면
너와 내가 같이 쓰는
사랑의 수저가 될 텐데.

공원의 새벽

하루의 시작은
햇살이 없는 가로등과 함께하고
이슬에 젖은 땅님은
메마른 마음 촉촉이 포옹합니다

꼭두새벽을 여는 함성에
하늘이 열리고

새벽 공기를 머금은
마음 담은 하얀 공 탁! 탁!
푸른 하늘에 수를 놓으며

배드민턴 치는 사람들의
뜨거운 승부의 열정은
건강이 수북이 쌓입니다

잠을세라
뛰어가듯 빠른 걸음 걸음은
해 뜸 전 어둠을 가르고

땅 꺼짐의 큰 기운
힘찬 발걸음
잠든 대지를 깨웁니다

힘차게 움직이는 두 팔은
하늘을 두드리고 땅을 치며
깊은 잠에 빠진 세상을 일어 새웁니다.

짝꿍

홀로는 외로워 짝꿍이 되어
행복의 축복을 누립니다

삶에 주위를 둘러보면
모두가 모자람을 도움받는 짝꿍들입니다

삭막한 벌판의 연인도
초원의 꽃과 나비의 만남도
세상을 내놓은 부부도 짝꿍입니다

길가에 은행나무가
홀로 열매를 못 내니
짝꿍이며

만물이 짝꿍으로
만남 속에 조화를 이루고
세상을 재창조합니다.

소녀像

다소곳 앉자
앞만 바라보며 무슨 생각을 할까

눈,
비,
바람,
햇빛을 무표정 맞이합니다

어제의 예쁜 꿈들을
오래된 옛날 일들을

아님,
나 지금의 아픔 마음을
나 오늘의 서글픔을

세월의 강물에 실어 보내려 하니
멍든 가슴에는 한이 맺힙니다

마음은 분노에 부서지고
몸은 흙이 되어 가는데

왜! 볼의 눈물은
이슬이 되어 온 누리 적시는지요.

그림을 그립니다

새해를 맞이하며
마음에 간직한 바램을
소박하게 그림을 그립니다

하늘의 구름은 바람을 타고
세상 여행할 꿈을
파란 도화지에 그림을 그립니다

초원의 아름다운 꽃은
더 좋은 향기를 내고
벌과 나비에게 맛있는 꿀 나눔을

직장이 없어
애달는 젊은이들은
맘 닿는 일터를 소망하는

흐르는 냇물은
물길 따라 흘러가며
먼 날 큰 바다가 됨을

부모는 사랑하는 자녀가
예쁘고 바르게 성장하여
필요한 인재로 거듭나길 간절한 꿈을

우리는 그림을 그립니다
새 날을 맞이하여 그림을 그립니다.

새색시

동쪽
빛 오름에
하늘과 땅 붉게 생명을 내니
파란 바다 찬란함의 그림으로 환호한다

순백 구름 꽃가마 타고
새색시 내게 오네

열일곱 새색시
내 색시

무지개 치맛자락
온 세상 품으니

새 날의
새 날 돋아나네.

힘

누가
나를 힘 있다 했나

실바람에도 몸 하나 가누질 못하고
속삭임에도 귀를 열지 않을 수 없으며

함께 가지 않으면 나는 거동할 수도 없는
어디에서나 창살 없는 감옥 홀로가 제한되는

힘이 있어도 힘이 없는 묶임의 삶 속에
애간장 태우며 두 손 모으건만

의인은 줄행랑
배신의 구린내 온 누리 진동하네

하늘과 땅 불의 그을음에
온 국민 콧구멍 막히고

백성의 맘, 마음들은
흑검정이 되네.

기도하는

세간의 언저리에
높고 낮음의 굴곡을
맞이하며 두 손 모읍니다

평화를 찾으려
버거운 짐 내려놓으니
한 낮의 황홀한 빛 동행해 주십니다

뒤안에는
어둠이 땅거미를 내리고
좌절이 양파 껍질을 까듯
나를 괴롭힐 때 당신은 어디 계셨는지요

삶에 찌들어 몸뚱이는 문들어져
처절함이 온 마음 울부짖을 때
당신은 어디 계셨습니까

여기엔 따뜻함도 없고
사방의 벽이 가로막혀
적막의 곳이며 오도 가도 못하고

말씀과 사랑에 담을 쌓은
세상에 대해 분노를 내려 할 때
당신은 어디에 계셨습니까

나를 어둠의 구덩이에 처넣은
내 벗에게 원망과 증오를 품는
나쁜 마음 내놓을까 무서울 때
당신은 어디에 계셨습니까

분노와 불신이 만연하여
희망이란 어디에도 찾을 수 없을 듯한
갈등의 큰 바우에 짓눌려
옴짝 할 수 없는 여기입니다

사랑과 용서가 없고
관용의 메마름이 옥죄이고
무서움과 두려움에 마음 아파하는 곳
당신은 어디에 계십니까.

벌거 벗은 新婦

봄날
따뜻한 햇빛이
빗줄기 되어 열기로 땅 촉촉이 적실 때
솜털 新婦(신부)는
초록 드레스 곱게 차려입고
산과 들 동무들을 초대합니다

여름날
포근한 방을 내주었으며
새들의 노래 향연장이 되고
길 가던 나그네 쉼터가 되어
잠시 머무르게 했습니다

가을날
신부는
가을날
꼬까옷 차려입고
임 마중 갈 때

길동무를 못 잊어
한 잎 두 잎 나눔에
벌거벗은 新婦가 되어
임을 기다립니다.

감 하나

감나무 꼭대기
외로이 달랑 감 하나가

잎새 하나 없는
앙상한 가지들 틈에

겨울 시작의
칼바람 맞고 있습니다

대롱대롱 매달려
온몸은 가지에 찔리고
상처투성이가 되어도

한 여름 덥고 외로울 때
나를 위해 노래를 불러준

들 새들에게 무언가 되어
고마움을 전하려

몇 줄의 햇볕에 위안을 받으며
동무를 기다립니다.

한 말씀

사람이 하루를 맞이함에
다양 다제한 일들이 있고
이런 것을 행하면서
수많은 말들을 하게 됩니다

말씀들도 듣기 좋은 말과
듣기 싫은 말이 있으며
글말도 힘 빠지게 하는 글과
힘이 솟게 하는 글이 있습니다

부정적인 말을 하므로
허약한 자가 되어 자기를 죽이고
긍정적인 말을 하므로
용기를 내게 하여 힘을 갖게 합니다

쌍스러운 말은 듣는 이의
마음에 상처를 심게 하며
격려의 말을 하므로 고마움을
나누는 말이 되기도 합니다

헐뜯는 말을 만들어
가슴에 못을 박고
칭찬을 하여 희망을 갖게 하는
말도 있습니다

세 치의 혀는 죽음의 구덩이로 끌고 가는
악마가 되기도 하며
希望(희망)을 순산하는
어머니가 되기도 합니다

한 말씀 한 말씀이
사람에 유익한 **疏通**(소통)의 **手段**(수단)이 되었으면 합니다.

몸에 묻어나는 향기

류동열 제3시집

2025년 11월 24일 초판 1쇄
2025년 11월 26일 발행
지 은 이 : 류동열
펴 낸 이 : 김락호
디자인 편집 : 이은희
기 획 : 시사랑음악사랑
연 락 처 : 1899-1341
홈페이지 주소 : www.poemmusic.net
E-Mail : poemarts@hanmail.net

정가 : 10,000원
ISBN : 979-11-6284-624-7

저작권자와 맺은 특약에 따라 검인은 생략합니다.
잘못된 책은 교환해 드립니다.